SCHLESWIG
ZUR WIRTSCHAFTSWUNDERZEIT

ZWEI JAHRZEHNTE STADTGESCHICHTE IM SPIEGEL DER FOTOS VON ADOLF DOHSE

SUTTON VERLAG

Adolf Dohse war ein leidenschaftlicher Angler. 1967 ging er in Rente und hatte für dieses Hobby endlich mehr Zeit. Die Aufnahme entstand um 1970.

Holger Rüdel

Die Reihe Archivbilder

SCHLESWIG
ZUR WIRTSCHAFTSWUNDERZEIT

ZWEI JAHRZEHNTE STADTGESCHICHTE IM SPIEGEL
DER FOTOS VON ADOLF DOHSE

SUTTON VERLAG

Der Stadtweg, damals noch keine Fußgängerzone, war ein Lieblingsmotiv von Adolf Dohse. Das stimmungsvolle Bild stammt aus der zweiten Hälfte der 1950er-Jahre.

Titelbild: Mitglieder der Altstädter St.-Knuds-Gilde fahren in neuen Mercedes-Limousinen auf den Festplatz hinter dem St.-Johannis-Kloster, um 1955.

Sutton Verlag GmbH
Hochheimer Straße 59
99094 Erfurt
www.suttonverlag.de

Copyright © Sutton Verlag, 2013
ISBN: 978-3-95400-132-3
Druck: Beltz Bad Langensalza GmbH

INHALTSVERZEICHNIS

Bildnachweis/Danksagung   6

Einleitung   7

1. Kleine und große Ereignisse aus dem Blickwinkel   9
   von Adolf Dohse

2. Schleswig in Farbe   33

3. Das Stadtbild in der Zeit des Wirtschaftswunders   65

4. Das Wirtschaftsleben blüht auf   101
   Firmen, Produkte und die Arbeitswelt

BILDNACHWEIS/DANKSAGUNG

Sämtliche in diesem Buch abgedruckten Fotos stammen aus dem Bildarchiv des Stadtmuseums Schleswig und werden hier größtenteils erstmals veröffentlicht.

Diese Publikation wurde ermöglicht durch die Unterstützung von:
Verein zur Förderung des Stadtmuseums Schleswig e.V.,
Jens Dohse, Rostock,
Knuth Dohse, Berlin,
Den Förderern gilt der Dank von Autor und Verlag.

EINLEITUNG

„Im Jahr 1967 zogen wir von der Moltkestraße in die Schneidemühler Straße. Ab jetzt sollte die spät gewährte Soldatenpension meines Vaters zum Leben ausreichen, deshalb wollte mein Vater den Fotobetrieb aufgeben. Über die Jahre hatten sich allerdings unzählige überschüssige Bilder und Negativ-Archive in Schuhkartons angesammelt, die nun verschwinden sollten. Um zu vermeiden, dass private Auftragsfotos in der Mülltonne landeten, heizten wir den Kachelofen im Wohnzimmer unserer bisherigen Wohnung in der Moltkestraße an. Dieser Ofen hatte ein gusseisernes Unterteil mit den Füll-, Belüftungs- und Ascheklappen. Die grünen Kacheln setzten erst rund einen Meter höher an.

Stundenlang fütterten wir diesen Ofen mit Fotos und Negativen. Die Negative lösten sich blitzartig im Feuer auf und heizten das Papier weiter an. Nach einiger Zeit begann das Gusseisen zu glühen. Die ganze Familie saß mindestens einen halben Tag vor unserem rotglühenden Ofen und vernichtete fast den gesamten Bestand. Warum einige Fotos diese Bilderverbrennung ‚überlebt' haben, weiß ich nicht mehr. Wahrscheinlich legten wir ein paar zur Seite, andere Kartons hatten wir einfach übersehen. Den potentiellen historischen Wert dieser Sammlung hatte keiner von uns erkannt."

Mit diesen Sätzen beschreibt Knuth Dohse, einer der beiden Söhne Adolf Dohses, den – aus heutiger Sicht – überraschenden, ja tragischen Abschluss einer fotografischen Karriere, die in jeder Hinsicht ungewöhnlich und auch erfolgreich war.

1913 in Glücksburg an der Flensburger Förde geboren, wurde Adolf Dohse nach dem Besuch der Schleswiger Domschule im Oktober 1931 Berufssoldat. An den Schlachten des Zweiten Weltkrieges nahm er von Beginn an teil. Wegen einer Verwundung entkam er dem Kessel von Stalingrad. Von einer Maschinengewehrsalve getroffen, verlor er im Frühjahr 1945 an der Ostfront das linke Bein. Das Kriegsende erlebte er im Lazarett in Odense (Dänemark). „Mit seinem letzten Schuss", heißt es in den familiären Notizen, „zerschießt er das ihm verliehene Deutsche Kreuz in Gold."

Das Kriegsende zwang Adolf Dohse zu einer beruflichen Neuorientierung. Nachdem er von 1945 bis 1948 im Raum Uelzen zunächst als Dolmetscher für die britischen Streitkräfte gearbeitet hatte, setzte er diese Tätigkeit in den beiden Folgejahren in Schleswig in zivilem Rahmen bei der „Brücke" fort, einer Filiale des British Information Center.

Schon während des Krieges hatte Adolf Dohse mit seinen teilweise erhalten gebliebenen Aufnahmen von militärischen Szenen und Etappenmotiven fotografisches Talent bewiesen. Daran knüpfte er an, als er 1950 begann, autodidaktisch das Fotografenhandwerk zu erlernen. Bereits 1951 absolvierte er die Gesellenprüfung und legte 1955 die Meisterprüfung ab. Unter dem Namen „Foto Dohse" meldete er sein Gewerbe über die Adresse seiner privaten Wohnung in der Moltkestraße 44 an, wo er mit seiner Frau und den beiden Söhnen lebte. Wie es in diesem „Betrieb" aussah, schildert Knuth Dohse in den Erinnerungen an seinen Vater:

„Der Flur, in dem man die Wohnung betrat, war zur hinteren Hälfte mit einer Sperrholzwand abgetrennt und in eine Dunkelkammer verwandelt worden. Man konnte sie nur vom Elternschlafzimmer aus betreten. Außer dieser Zugangstür vom Schlafzimmer aus gab es auch keine andere Belüftung. In dieser etwa vier Quadratmeter großen unbelüfteten Kammer entwickelte unser Vater jeweils mehrere Stunden hintereinander seine Fotos. Nach seinem Herzinfarkt nahm er sogar bisweilen ein Sauerstoffgerät mit in die Dunkelkammer. Hier ist praktisch sein gesamtes Werk entstanden. Für große Fotos hatte er zeitweise noch eine Garage im Bereich der Moltkekaserne und einen ehemaligen Reitstall des Schlosses Gottorf angemietet – beide nur notdürftig ausgestattet, unverputzt und unbeheizt. Seine Bilder wurden von Mutter und mir dann ausgiebig in der Spüle der Küche gewässert, zwischen zwei sogenannten Bilderhandtüchern trocken gepresst und dann auf einer fusselfreien harten Decke auf dem Fußboden im Wohnzimmer getrocknet. Vater glättete später die trockenen Bilder an der Tischkante und retuschierte sie mit spitzem Messer und schwarzem Stift. Mutter organisierte den Verkauf der Bilder. Wenn z. B. auf Festen fotografiert wurde, klebte sie die Fotos mit Fotoecken in Alben, nummerierte die Bilder und legte eine Bestellliste bei. Die Alben wanderten entweder von Hand zu Hand oder wurden von uns Kindern jeweils weitergereicht. Am Ende sammelten wir die Bestellliste ein, Vater fertigte die Bilder, wir Kinder wässerten und trockneten und Mutter verschickte sie per Nachnahme zu den Bestellern."

Die hohe Qualität seiner Aufnahmen sprach sich herum und sorgte für zahlreiche Aufträge, die er trotz seiner schweren Körperbehinderung auch bei mobilen Einsätzen übernehmen konnte: Berichte für die „Schleswiger Nachrichten", Firmenwerbung, Architekturaufnahmen, Porträts, Sportreportagen, Familienfeiern und Vereinsaktivitäten. Adolf Dohse arbeitete mit verschiedenen Kamerasystemen und unterschiedlichen Formaten. Der größte Teil seiner erhaltenen Aufnahmen entstand mit einer Linhof-Technika-Großformatkamera im Format 9x12 Zentimeter, die eine überragende Bildqualität ermöglichte und die er vorzugsweise bei seinen industriellen Aufträgen einsetzte. Daneben verwendete er eine zweiäugige Rolleiflex-Mittelformatkamera sowie zwei Leica-Kleinbildkameras. Adolf Dohse beherrschte nicht nur die damals durchaus nicht unkomplizierte Aufnahmetechnik souverän, zu der auch umfangreiches Zubehör wie Stative, Belichtungsmesser, Drahtauslöser, Blitzgeräte und Fotolampen gehörten, sondern er hatte auch den richtigen, treffsicheren Blick – ein Auge für die wesentlichen Elemente im Bild und deren wirksame Anordnung in der Gesamtkomposition unter Verzicht auf Nebensächliches. Durch die Präzision seiner Bildgestaltungen gewannen insbesondere seine Industriefotos und Personenarrangements im Laufe der Zeit eine eigene sachlich-kühle Handschrift, die viele seiner Aufnahmen unverwechselbar macht. Seine Bilder spiegeln den „Zeitgeist" des Wirtschaftswunders dadurch eindrucksvoll wider und weisen in ihrer Symbolik weit über den lokalen Rahmen hinaus. Eine weitere Besonderheit des Werkes von Adolf Dohse ist darin zu sehen, dass er schon ab etwa 1953 Farbaufnahmen im Großformat 9x12 Zentimeter anfertigte. Etwa zehn Prozent seines gesamten fotografischen Nachlasses liegen in Farbe vor.

Adolf Dohse starb 1985. Durch glückliche Umstände gelang es einige Jahre danach, für das Stadtmuseum Schleswig ein Konvolut von Negativen zu sichern, die nicht der eingangs geschilderten „Bilderverbrennung" zum Opfer gefallen waren. Eine repräsentative, mehr als 200 Aufnahmen umfassende Auswahl aus diesem Material ist in dem vorliegenden Buch enthalten, das zum 100. Geburtstag Adolf Dohses erscheint.

Holger Rüdel

1

KLEINE UND GROSSE EREIGNISSE AUS DEM BLICKWINKEL VON ADOLF DOHSE

Trotz des wirtschaftlichen Aufschwungs war die Arbeitslosigkeit Anfang der 1950er-Jahre ein drückendes Problem. Im Dezember 1951 besetzten Arbeitslose das Schleswiger Rathaus, um eine städtische Weihnachtsbeihilfe zu erkämpfen. Bei dieser Weihnachtsfeier der Belegschaft einer Schleswiger Firma in den frühen 1950er-Jahren scheinen allerdings alle Sorgen vergessen zu sein.

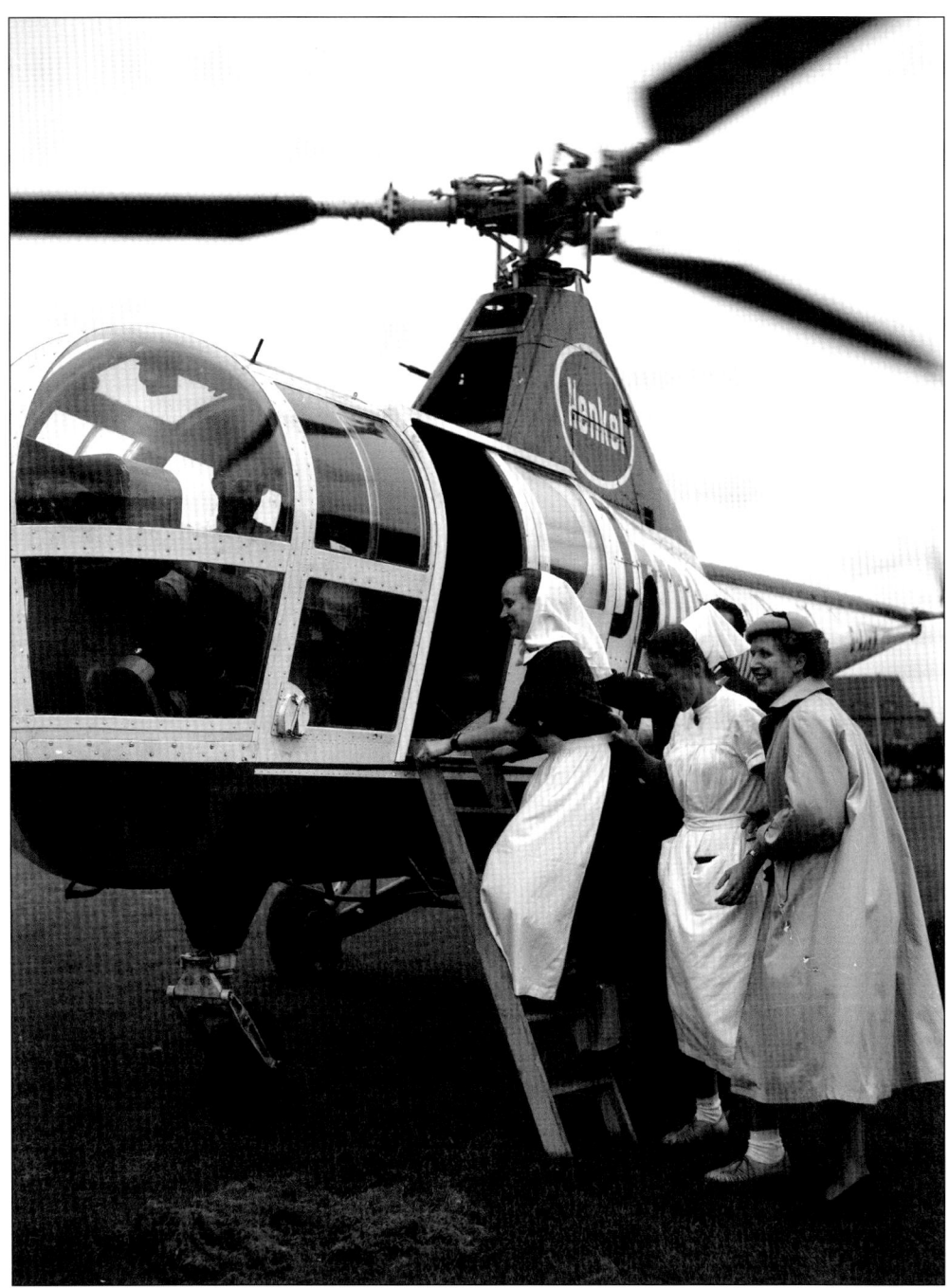

Für Schlagzeilen sorgte im Spätsommer 1954 der „Persil-Hubschrauber", den die Firma Henkel für Werbezwecke auch in die Schleistadt entsandte. Start- und Landeplatz war das Alleestadion, wo Tausende auf das Eintreffen der Flugmaschine warteten. „Mit klopfendem Herzen", berichteten die „Schleswiger Nachrichten" am 1. September 1954, „stiegen die Gewinnerinnen der Freiflüge in die moderne Luftkutsche." Den Artikel illustrierte die Zeitung mit Fotos von Adolf Dohse, darunter das hier gezeigte Bild mit zwei Krankenschwestern beim Einsteigen.

„Strahlend und beglückt", hieß es in dem Pressebericht über die Erfahrungen der Fluggäste weiter, „kletterten sie wieder heraus, um ein wundervolles Erlebnis reicher." Großes Lob zollte die Zeitung in diesem Zusammenhang dem aus Großbritannien stammenden Piloten Tim Clutterbuck, dem eine souveräne Beherrschung des Helikopters bescheinigt wurde.

Als die britischen Streitkräfte Anfang Mai 1945 Schleswig besetzten, requirierten sie schon nach wenigen Tagen das Bootshaus am Louisenbad und beschlagnahmten alle Boote. Doch bereits im November 1946 lockerten die Briten diese Restriktionen und erteilten eine Segelerlaubnis unter Auflagen. Für den Schlei-Segel-Club und den Verein „Ahoi" war damit das Startzeichen für einen Neubeginn gegeben.

Ein Motor des Schleswiger Sportlebens nach 1945 war der „Fußballdoktor" Dr. med. Karl Alslev. Der 1951 eingeweihte Sportplatz von Schleswig 06 erhielt 1954 zu seinen Ehren den Namen Dr.-Karl-Alslev-Platz. Hier allerdings handelt es sich um ein Fußballspiel im Allee-Stadion.

1924 organisierten die Segelclubs aus Schleswig und Arnis erstmals die „Schleiwoche", eine Mischung aus sportlichen Regatten und geselligem Rahmenprogramm. Der Zweite Weltkrieg unterbrach diese Tradition, die erst im Juli 1950 wieder aufgenommen werden konnte und sich mit ihren Wettkämpfen zu einer festen Einrichtung im norddeutschen Segelsport entwickelte. Die Aufnahme entstand während der „Schleiwoche" 1951.

Drei Schleswiger Bürgermeister auf einem Bild vereint – diesen seltenen Moment hielt Adolf Dohse am 19. September 1954 fest, als der amtierende Bürgermeister Bruno Lorenzen (rechts) bei einem Empfang in der Schleihalle anlässlich des 1150. Stadtjubiläums mit seinen Vorgängern Dr. Helmut Lemke (links) und Dr. Oscar Behrens zusammentraf.

Am 25. März 1955 wurde der aus Dresden stammende Jurist Dr. Werner Kugler (Mitte) mit den Stimmen der „Deutschen Liste" bei Enthaltungen von SPD und SSW zum Bürgermeister gewählt. Die Aufnahme entstand wahrscheinlich bei einem Empfang anlässlich der Amtseinführung von Dr. Kugler, …

… während dieses Bild am Rande eines Schützenfestes geschossen wurde. Dr. Kugler ist hier als Zweiter von links in der Uniform eines Schützenbruders zu sehen. 1966 konnte er sich über seine Wiederwahl als Bürgermeister freuen. In seine Amtszeit fielen städtebaulich prägende, aber bis heute umstrittene Maßnahmen wie die Errichtung des Wikingturmes.

Der CDU-Politiker Prof. Dr. Eugen Gerstenmaier war eine der zahlreichen prominenten Persönlichkeiten, die Schleswig in den Jahren des Wirtschaftswunders besuchten. Gerstenmaier amtierte vom November 1954 bis Januar 1969 als Bundestagspräsident. Diese wahrscheinlich im Zusammenhang mit dem Bundestagswahlkampf 1953 im Stadttheater entstandene Aufnahme zeigt Gerstenmaier auf dem Weg zum Rednerpult.

Kai-Uwe von Hassel gehörte zu den führenden politischen Köpfen der deutschen Nachkriegszeit. Er war von 1954 bis 1963 Ministerpräsident des Landes Schleswig-Holstein, von 1963 bis 1966 Bundesminister der Verteidigung, von 1966 bis 1969 Bundesminister für Vertriebene, Flüchtlinge und Kriegsgeschädigte und von 1969 bis 1972 Präsident des Deutschen Bundestages. 1953 wurde er im Wahlkreis Schleswig-Eckernförde direkt in den Deutschen Bundestag gewählt. Die Aufnahme zeigt von Hassel (Mitte) am Rande einer Wahlkampfveranstaltung der CDU, wahrscheinlich vor der Bundestagswahl 1953.

Als Hauptschriftleiter der „Schleswiger Nachrichten" in den Jahren 1923 bis 1937 hatte Dr. Fritz Michel – hier auf einem Bild aus den frühen 1950er-Jahren – starken Einfluss auf die politische Meinungsbildung in der Schleistadt. Wegen Verstrickungen in das NS-Regime wurde Michel nach dem Kriegsende verhaftet und vorübergehend interniert, im Juni 1949 allerdings für ihn erfolgreich entnazifiziert. Dadurch konnte er ab 1. Dezember 1949 bei den „Schleswiger Nachrichten" wieder eine Führungsposition als Redaktionsleiter übernehmen.

„Jubelnd begrüßte Schleswig den Bundespräsidenten", lautete die Schlagzeile der „Schleswiger Nachrichten" vom 26. Juni 1959 über den Besuch von Bundespräsident Theodor Heuss. Von Ministerpräsident Kai-Uwe von Hassel (rechts) begleitet, fuhr der Bundespräsident in einem offenen Wagen durch die Stadt.

Schatten der Vergangenheit: Am 5. Juli 1951 kehrte der in Schleswig geborene ehemalige Fallschirmjägergeneral Bernhard Ramcke aus französischer Haft zurück. Tausende begrüßten ihn am Bahnhof und trugen ihn im Triumphzug durch die Stadt. Adolf Dohse hielt die Szenen für die „Schleswiger Nachrichten" fest.

Während einer von der Stadt aus Anlass von Ramckes Rückkehr mit veranstalteten Kundgebung – hier mit Bürgermeister Bruno Lorenzen in der Mitte der ersten Reihe – machte der Ex-General aus seiner Gesinnung kein Hehl: Er forderte, dass die „Diffamierungen ehemaliger deutscher Soldaten" aufhören müssten und schloss dabei ausdrücklich die Angehörigen der ehemaligen Waffen-SS-Division „Das Reich" ein, der das Massaker in Oradour-sur-Glane zur Last gelegt wurde. 1963 sorgte Ramcke für großes Aufsehen, als er dem Bundestagspräsidenten Prof. Dr. Eugen Gerstenmaier vorwarf, sich zu Unrecht dem Widerstand des 20. Juli 1944 zuzurechnen.

Eine Ehrenpforte mit dem Banner „Willkommen in Schleswig" passierten die ersten Bundeswehrsoldaten, die im Juli 1956 in die Kaserne auf der Freiheit einrückten.

„Die Garnison Schleswig wächst", lautete die Überschrift eines Artikels der „Schleswiger Nachrichten" Anfang August 1956 zum Bundeswehr-Aufbau in der Schleistadt. Die Sollstärke der Truppe am Standort Schleswig betrug damals 3.000 Mann.

In der Nähe von Missunde errichteten Pioniere aus Schleswig in den frühen 1960er-Jahren diese Behelfsbrücke, über die Panzer auf das andere Schleiufer rollten. Gespannt beobachten uniformierte und zivile Zuschauer die Übung.

1958 übernahm die Bundesmarine den Flugplatz Jagel. Das Marinefliegergeschwader 1 (MFG 1) entstand. Im November 1963 rüstete das MFG 1 auf den „Starfighter" um, der wegen zahlreicher Abstürze in die Schlagzeilen geriet. Am 2. Mai 1966 fotografierte Adolf Dohse diese Absturzstelle bei Dörpstedt nur wenige Kilometer von Jagel entfernt. Sein Foto wurde über die Agentur Associated Press (AP) mit einer telefonischen Bildübertragungstechnik, auf die AP ein Patent besaß (AP Wirephoto), den Medien weltweit angeboten.

Die Ursache des Absturzes, bei dem der Pilot ums Leben kam, war ein Triebwerksausfall. Das MFG 1 war von insgesamt 30 Starfighter-Unfällen betroffen. Dabei starben neun Piloten.

Diese fröhlichen Schützenbrüder „stärkten" sich mit einer Flasche Wein und ließen sich dabei gern ablichten.

Bei den Festen der drei Schleswiger Schützengilden trat der Vergnügungscharakter in der Wirtschaftswunderzeit stark in den Vordergrund. Polizeibeamte in Uniform waren gern gesehene Gäste.

Von den drei Schleswiger Schützengilden formierte sich die Lollfußer Gilde nach 1945 als erste wieder neu. 1949 feierte sie anlässlich ihres 250-jährigen Bestehens ein großes Fest, bei dem allerdings wegen der Beschlagnahme aller Gewehre nur mit der Armbrust geschossen werden durfte. Wie diese in der Bismarckstraße entstandene Aufnahme belegt, wurden Märsche von Schützenbrüdern in den 1950er-Jahren mitunter noch zu Pferd begleitet.

Stolz präsentieren sich zwei Fahnenträger der Altstädter St.-Knuds-Gilde in einem neuen Mercedes mit Schiebedach. Die Aufnahme entstand um 1955 im Stadtweg.

1953 lichtete Adolf Dohse diese beiden fröhlichen jungen Männer ab, die offenkundig Gefallen am neuen Modegetränk Coca-Cola gefunden hatten.

In den 1950er-Jahren hatten Gefühlsschnulzen und Kitsch in der Bundesrepublik Hochkonjunktur, und das Wort „Gartenzwergkultur" machte die Runde. Die Aufnahme zeigt Darbietungen bei einem Betriebsfest einer Schleswiger Firma in den frühen 1950er-Jahren.

Weihnachtliche Idylle in den frühen 1950er-Jahren: Die Konzentration auf materielle Verbesserungen, auf Familie und Häuslichkeit drängte das Interesse an der Politik und an gesellschaftlichen Veränderungen in den Hintergrund.

Der zunehmende Wohlstand weckte immer neue materielle Bedürfnisse. Üppiger Konsum wurde zum Wertmaßstab erhoben und gern stolz zur Schau gestellt wie bei dieser Familienfeier in einem heimischen Wohnzimmer …

… oder bei dieser größeren Veranstaltung in einem Hotel oder Restaurant.

Der wachsende Wohlstand spiegelte sich auch in der Welt der Kinder wider. Für dieses Mädchen hatte der Weihnachtsmann einen großen Karton mit modernen Spielsachen und Süßigkeiten unter den Christbaum gelegt, …

… während diese beiden Jungen noch bescheiden zu zweit mit einem klassischen Schaukelpferd aus Holz spielten.

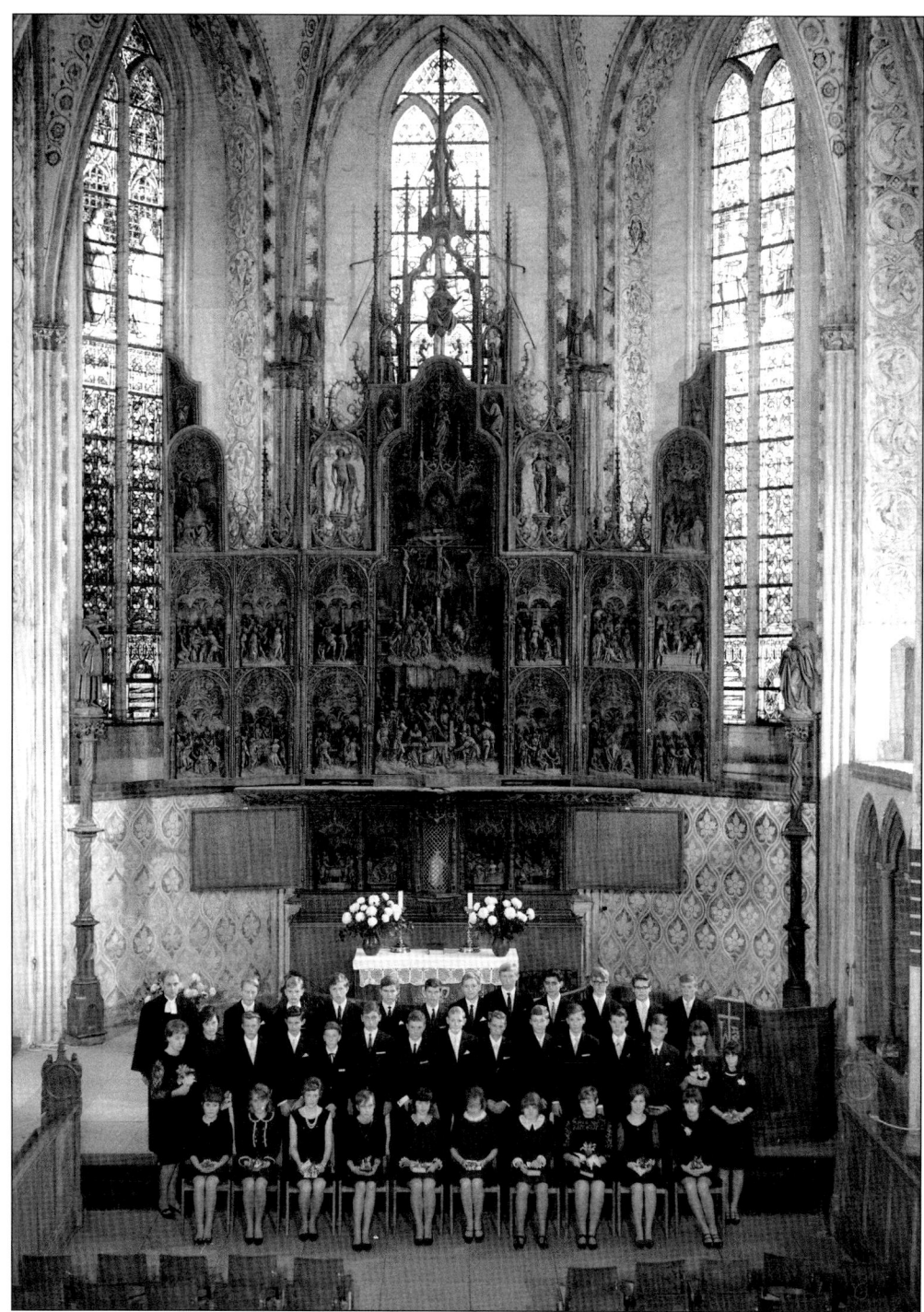

Jedes Jahr zur Konfirmationszeit fotografierte Adolf Dohse die Gruppen der festlich gekleideten Konfirmanden in ihren Kirchen. Im St.-Petri-Dom hatte er das Privileg, die Konfirmanden vor dem Brüggemann-Altar aufnehmen zu dürfen. Der Verkauf der Abzüge, bei dem ihn einer seiner Söhne unterstützte, bildete eine wichtige Einnahmequelle für die Familie des Fotografen.

Der erste Peermarkt nach dem Zweiten Weltkrieg fand im September 1946 statt und war den Umständen geschuldet nur karg beschickt. 1951 hieß es bereits: „Größter Jahrmarkt in Schleswig-Holstein". 300 Buden und Fahrgeschäfte drängten sich auf dem Stadtfeld.

„Ein besonderes Gepräge", berichteten die „Schleswiger Nachrichten" über den Peermarkt 1951, „gibt dem Markt wieder die Firma Schippers v. d. Ville, die gleich mit drei Besonderheiten vertreten ist. An Fahrgeschäften stellten wir weiter fest Paul Müllers traditionelle Raketenbahn zum Mond, Kettenflieger sowie die Autobahn von Jäger für angehende Rennfahrer."

Beim Peermarkt 1951 wagte Adolf Dohse diesen Blick in eine der „lustigen Tonnen", die zu den Hauptattraktionen des Marktes gehörten. Die „Schleswiger Nachrichten" dichteten damals: „Unbeschreiblich, welche Lagen in die Kreuz und Quer hier ragen. Und es kommt selbst öfter so, dass sich bäumt der runde Po."

2

SCHLESWIG IN FARBE

Im November 1953 konnte die im Osten von Schleswig gelegene neue Zuckerfabrik ihre erste „Kampagne" starten. Vermutlich entstand das Foto kurz danach. Farbaufnahmen aus dieser Zeit sind sehr selten.

Im Nachlass von Adolf Dohse fanden sich zahlreiche Farbaufnahmen, die ganz unterschiedliche Wohnstile in den 1950er- und 1960er-Jahren zeigen.

Die Bilder auf dieser Seite entstanden vermutlich in der zweiten Hälfte der 1950er-Jahre und dokumentieren einen eher konservativen Einrichtungsgeschmack.

Auch in diesem Wohnzimmer herrscht noch die „gute alte Zeit" …

… während dieser Raum durch frische Farben und Formen zeitgemäßer wirkt.

Im Auftrag Schleswiger Möbelhändler fotografierte Adolf Dohse einzelne Ausstellungsstücke und ganze Ensembles in den Schauräumen. Wann und wo dieser raffinierte Kamerablick in den Spiegel aber genau entstand, wissen wir nicht.

Der Nierentisch ist das Symbol für die moderne Wohnkultur der 1950er-Jahre. Hier stellte Adolf Dohse einen Nierentisch in den Mittelpunkt seiner Inszenierung.

Neben der Nieren- war auch die Dreiecksform bei Tischen in den 1950er-Jahren beliebt.

Blick in den Spiegel: Moderne Möbel aus den 1950er-Jahren in Farbe fotografiert. Adolf Dohse verwendete meistens eine Großformatkamera mit dem Aufnahmeformat 9x12 Zentimeter und erreichte damit eine exzellente Bildqualität.

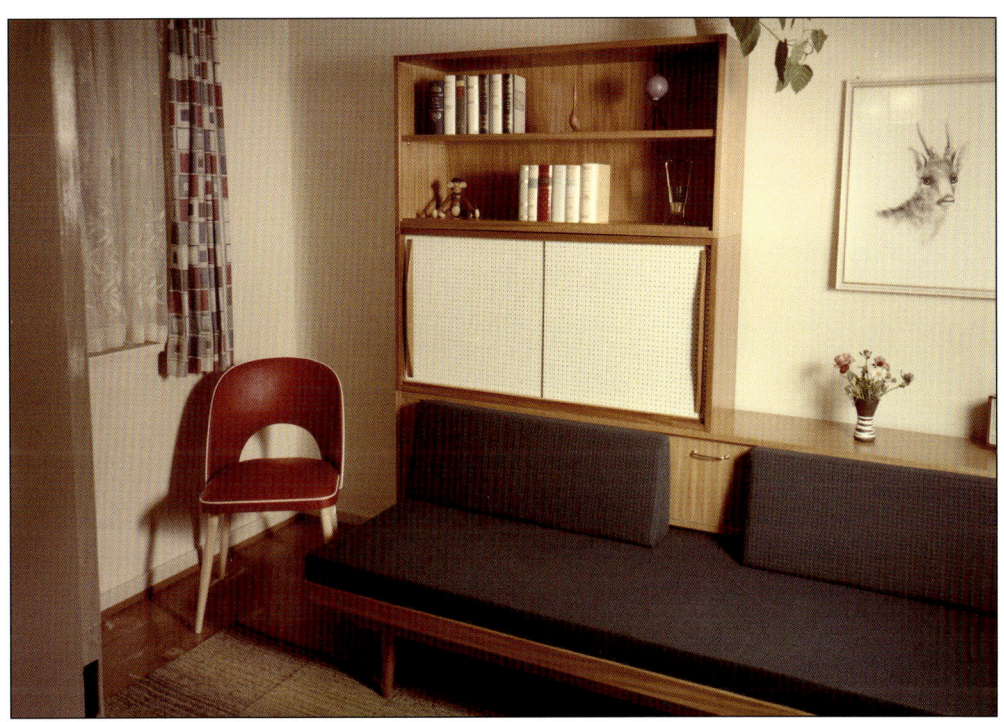
Der rote Stuhl mit Kunststoffbezug ist ein weiterer Einrichtungsklassiker der 1950er-Jahre.

Auch dieses moderne Interieur mit rotem Stuhl spiegelt den „Zeitgeist" wider.

Das gilt ebenso für diesen Raum mit einer Stehlampe in auffallend farbfrohem Design.

Häufig lässt sich nicht exakt bestimmen, ob Adolf Dohse authentische Wohnungen fotografierte oder Schauräume in Möbelhandlungen. Das gilt für diese Aufnahme …

… und für die hier abgebildete, bei der allerdings manches für eine Inszenierung innerhalb einer Ausstellung spricht.

Hier ergänzt ein Gummibaum die Einrichtung, die in klassischen Formen und gedämpften Farben schon nicht mehr dem Stil der 1950er-Jahre entspricht.

Auch dieses Wohnzimmer liegt nicht im Trend der 1950er-Jahre und wurde vermutlich in einem Haus aufgenommen, …

… in dem sich auch der hier abgebildete Raum befand.

In diesem Wohnzimmer setzt das mit Mosaikfliesen dekorierte Podest, auf dessen oberer Ebene ein Aquarium steht, einen modernen Akzent.

Das Adressbuch der Stadt Schleswig von 1950 verzeichnete sechs Möbelhandlungen. 1966 wurden neun Betriebe aufgeführt, die an insgesamt zwölf Standorten ansässig waren. Das seinerzeit führende Schleswiger Möbelhaus Steinhagen bildete für Adolf Dohse nach seinen Notizen den wichtigsten Auftraggeber bei der Anfertigung von Werbefotos von Schauräumen und Ausstellungsstücken wie den hier abgebildeten.

Das Porträt einer schwarzhaarigen Schönheit mit tiefem Dekolleté war ein weit verbreitetes Schmuckstück in den Schlafzimmern der Zeit des Wirtschaftswunders.

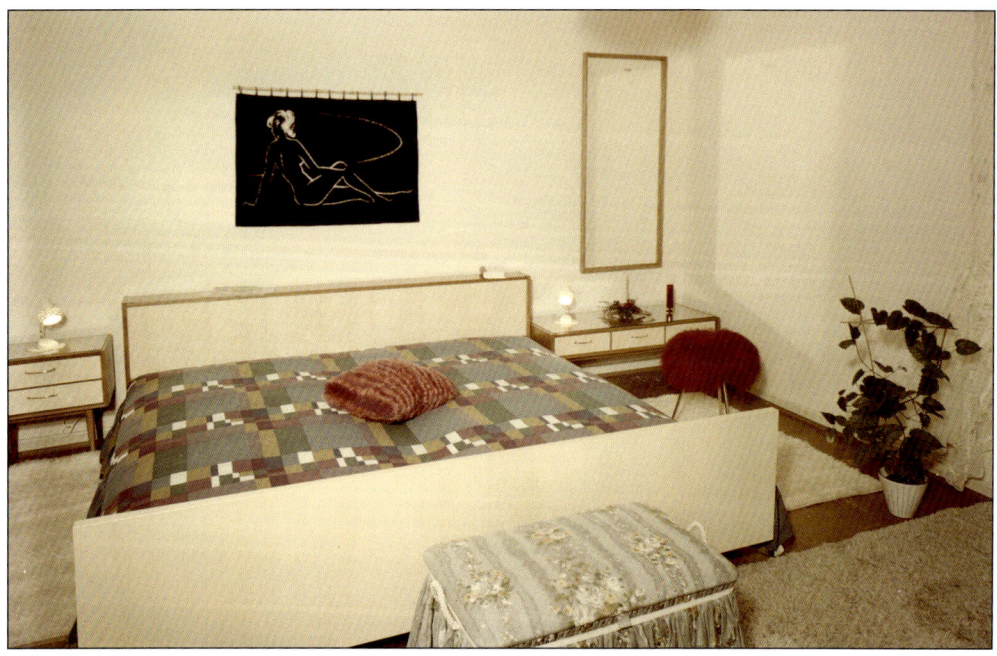

Dieses in weiß gehaltene Schlafzimmer präsentiert ein anderes erotisches Motiv: einen Ganzkörperakt als Umrisszeichnung im Look eines Schwarzweiß-Negativs.

Hier fotografierte Adolf Dohse offensichtlich die Single-Variante des vorhergehenden „Ganz-in-Weiß"-Schlafzimmers. Die aufgeräumte Situation lässt erkennen, dass es sich um ein Ausstellungsensemble handelt.

Einen weiteren Auftraggeber unter den Schleswiger Möbelgeschäften hatte Adolf Dohse mit der Firma Ketelsen & Andersen in der Friedrichstraße. Ob dieser Schauraum dort oder in den Filialen von Steinhagen fotografiert wurde, ist nicht überliefert.

So sah Adolf Dohse ein weihnachtliches Kinderzimmer in einer Schleswiger Wohnung. Puppenstube und Puppenwagen lassen erkennen, dass in diesem großzügig geschnittenen Reich ein Mädchen regierte.

Eine herrliche Kinderwelt präsentiert dieses Schaufenster eines Schleswiger Möbelgeschäftes. Die Aufnahme entstand vermutlich Mitte der 1960er-Jahre.

Seit 1958 besteht die Städtepartnerschaft zwischen Schleswig und Mantes-la-Jolie in Frankreich. 1964 entstand diese Aufnahme, die für eine „Woche des Gartens" in Mantes wirbt – vermutlich im Zusammenhang mit einer Städtepartnerschaftsveranstaltung in Schleswig.

„Schöner Wohnen": Das Wirtschaftswunder sorgte dafür, dass solche Sehnsüchte in Erfüllung gingen.

Längst nicht alle Deutschen konnten sich moderne Einrichtungsgegenstände wie die ganz oben abgebildeten leisten und mussten mit weniger Komfort leben.

„Die Menschen gewöhnen sich an Wunder", behauptete Bundeskanzler Adenauer 1956. Ob diese Feststellung auch für das glückliche Ehepaar galt, das sich von Adolf Dohse aufwendig in Farbe ablichten ließ, ist nicht bekannt.

Ein reicher Gabentisch: 1960 feierte das Schuhhaus Forck, Stadtweg 21, sein 25. Firmenjubiläum und erhielt zahlreiche Geschenke.

In welcher Schleswiger Wohnung diese Aufnahme entstand, geht aus den Arbeitsnotizen von Adolf Dohse nicht hervor. Der Geschmack der Inhaber war aber offenkundig geprägt durch konservative Werte im Einrichtungsstil.

Das gilt auch für den hier abgebildeten Wohnraum mit seiner üppigen Blütenpracht, …

… den Adolf Dohse aus mehreren Blickwinkeln im Bild festhielt.

In dieser Wohnung kontrastiert die aus der Zeit um 1930 stammende Sitzgruppe links mit dem modernen Sessel rechts.

Extravagant und edel präsentiert sich der Verkaufsraum in diesem Schleswiger Friseurgeschäft.

Um welche Gaststätte es sich hier handelt, lässt sich nicht mehr ermitteln. Der Raum allerdings …

… und der damit wohl verbundene Teil auf diesem Bild entsprachen im Einrichtungsstil dem bekannten Ausspruch Konrad Adenauers: „Keine Experimente!".

Den modern eingerichteten Besprechungsraum in der Schleswiger Sanitätsmeierei, Stadtfeld 19, dokumentierte Adolf Dohse mit dieser Aufnahme, die um 1965 entstanden sein dürfte.

1966 feierte die Freiwillige Feuerwehr Schleswig ihr 100-jähriges Bestehen. Die Festveranstaltung fand im großen Saal des Hotels „Hohenzollern" statt.

Anfang der 1960er-Jahre eröffneten die ersten Supermärkte. Dennoch konnten sich die Tante-Emma-Läden zunächst behaupten.

Dieses Bild zeigt den gepflegten Verkaufsraum einer Schlachterei. 1950 waren insgesamt 25 dieser Betriebe im Adressbuch verzeichnet, …

… 1966 immerhin noch 22 Schlachtereien.

Das Notizbuch von Adolf Dohse verzeichnet in den Rubriken „Werbung" und „Innenarchitektur" Aufträge der Schlachtereien Köhn, Lietz, Scheiwe und Wenschauer. Das Verkaufspersonal eines der genannten Betriebe wird auf diesem Foto abgebildet sein.

Hier sind Waren zu sehen, die als Tiefkühlkost, in Konserven oder Gläsern das ergänzende Sortiment eines dieser Schlachterläden bildeten.

Das Adressbuch von 1965/66 verzeichnete noch 76 Kolonialwaren- und 49 Genussmittelgeschäfte in Schleswig. Gegen die Konkurrenz der aufkommenden Supermärkte konnten sich kleine Läden zunächst behaupten.

Dieses Kolonialwarengeschäft – so lautete die noch um 1965 verwendete Bezeichnung für Lebensmittelläden – präsentierte seine Waren schon teilweise in Selbstbedienung.

Adolf Dohse notierte einen Auftrag des Lebensmittelgeschäftes August Hansen, Rathausmarkt 20, das hier abgebildet sein könnte. Rabattleistungen wurden damals in Form von kleinen Marken gewährt, die man sammelte und in ein Rabattheft einklebte.

Am 10. Dezember 1963 eröffnete die Kölner Firma Eklöh am Stadtweg den ersten Supermarkt in Schleswig mit einer Verkaufsfläche von 570 Quadratmetern. Dieses Geschäft dürfte ähnlich eingerichtet gewesen sein wie das hier abgebildete, …

… das wahrscheinlich einen Teil der Verkaufsräume des Supermarktes „Weska" am Gallberg 36 zeigt.

Die Ästhetik schöner Karussells und die Jahrmarktsromantik früherer Jahre sind in dieser Farbaufnahme eingefangen, die auf dem Peermarkt entstand.

Das Gebäude der Stadtwerke in der Poststraße wurde im Laufe der Zeit immer wieder umgebaut. Diese Aufnahme ist nicht datiert, dürfte aber um 1960 entstanden sein.

Der Aufbau der Bundeswehr machte Schleswig wieder zur Garnisonsstadt. Im Juli 1956 rückten die ersten Soldaten in die Kaserne auf der Freiheit ein. Die Bilder auf dieser Seite zeigen eine Rekrutenvereidigung.

Als Kriegsversehrter wurde Adolf Dohse von der Bundeswehr bei Fotoaufträgen bevorzugt. So war er einer der wenigen Bildreporter in Deutschland, die Aufnahmen wie diese aus der Anfangszeit der Bundeswehr in Farbe machen konnten.

Böklunder Würstchen waren schon in den Jahren des Wirtschaftswunders ein Begriff. Mit Fahrzeugen wie dem hier abgebildeten lieferte die nördlich von Schleswig angesiedelte Firma um 1960 ihre Waren aus.

Diese Gruppenaufnahme der Lollfußer Schützengilde – ohne „Begleitschutz" durch die Damen – entstand vermutlich ebenfalls um 1960.

Vor dem damals noch kleinen Hotel „Waldschlösschen" lichtete Adolf Dohse die Herren der Friedrichsberger Schützengilde ab.

Hier posieren die Herren der Friedrichsberger Gilde gemeinsam mit den Damen. Beide Gruppenbilder entstanden 1963.

In der Ära der Beatmusik entwickelte sich die „Stampfmühle" zu einer Hochburg der neuen Musikrichtung. Shorty Miller & The Raylettes hieß die Rotterdamer Band, die Adolf Dohse wahrscheinlich 1964 auf der Bühne der „Stampfmühle" in Aktion festhielt.

3

DAS STADTBILD IN DER ZEIT DES WIRTSCHAFTSWUNDERS

Ende 1959 wurde der Capitolplatz zu einem – für damalige Verhältnisse – modernen Parkplatz umgebaut. Diese Aufnahme entstand früher, als dort noch unter provisorischen Umständen geparkt werden durfte.

Vergangenen Glanz dokumentiert diese Innenaufnahme der „Schleihalle". Bei der Einrichtung in den 1920er-Jahren verwendete der Gastronom Johann Jürgens Mobiliar des abgewrackten Luxusdampfers „Kap Polonio".

Diese Aufnahme zeigt die „Schleihalle" mit der gleichnamigen Anlegebrücke von der Wasserseite.

Die „Schleihalle" lag verkehrsgünstig im Eingangsbereich der Stadt und war neben Dom und Schloss ein weiteres Wahrzeichen.

Das Etablissement war in den Jahren des Wirtschaftswunders weit über Schleswig hinaus bekannt und zog viele Nachtschwärmer in den Bann.

Zu Beginn seiner Karriere in den frühen 1950er-Jahren zog Adolf Dohse nachts mit seiner Kamera los, um Schleswiger Tankstellen abzulichten. Unter dem Namen „Aral" gibt es die hier gezeigte Anlage in der Flensburger Straße 86 auch heute noch.

Die Esso-Zapfanlage befand sich an der Ecke Flensburger Straße/Schubystraße, der sogenannten Hühnerhäuser-Kreuzung, nur einen Steinwurf entfernt von der konkurrierenden BP-Tankstelle.

Auf dieser Nachtaufnahme nahm Adolf Dohse beide Tankstellen ins Visier.

In der Ära des Wirtschaftswunders nahm die Zahl der Automobilbesitzer rapide zu. Davon profitierte auch die Shell-Tankstelle am Gottorfer Damm, hier auf einem Bild aus dem Jahr 1950 …

… und dann noch einmal von einem Standort einige Meter weiter westlich aufgenommen.

Vor der Kulisse von Schloss Gottorf: Anfang der 1950er-Jahre war Schleswig das Ziel einer ADAC-Versehrtenfahrt.

Lieferfahrzeuge mit dem Emblem der Marke „Oranka" fahren im Corso die Schleistraße entlang, die um diese Zeit – etwa 1952 – als Einbahnstraße ausgewiesen war.

Selbstbewusst präsentierte das Autohaus Hermann Erichsen, Faulstraße 6, auf dem Amalienplatz seine neuen Modelle.

Der Händler vertrat die Marken Borgward und Lloyd. Während die Borgward-Fahrzeuge als „Luxusschlitten" galten, bezeichnete der Volksmund Lloyd als „Leukoplastbomber".

Von der Schleswiger Baufirma Hans Pikrot erhielt Adolf Dohse viele Fotoaufträge. Hier ist ein Pikrot-Team mit Straßenarbeiten am Gallberg beschäftigt.

Um 1955 dokumentierte Adolf Dohse das Neubaugebiet Dannewerkredder, vermutlich ebenfalls im Auftrag von Pikrot.

Der Wohnungsbau gehörte zu den Pfeilern des wirtschaftlichen Aufschwungs in Westdeutschland. Bis 1960 wurden 5,7 Millionen Wohnungen fertiggestellt. In Schleswig entstanden in dieser Zeit in raschem Tempo neue Stadtteile im Norden und Süden.

In dem neuen Gebäude Königsberger Straße 29 richtete die Stadtsparkasse eine Filiale ein.

Die Schlauchwäscherei an der Königstraße ist längst verschwunden. Im März 1955 wurde das markante Gebäude fertiggestellt und von Landrat Hagge an die Kreisfeuerwehr übergeben.

Ebenfalls 1955 – am 31. August – wurde der neue Zentrale Omnibusbahnhof (ZOB) eröffnet, der mit seiner sehr schlichten Bauweise keinen positiven Akzent im Stadtbild setzen konnte.

Wahrscheinlich verwendete Adolf Dohse hier ein Teleobjektiv, um von einer erhöhten Position – vermutlich von der Hochburg bei Haithabu – den Blick über das innere Schleibecken festzuhalten. Die Umgehungsstraße und der Wikingturm existierten zum Zeitpunkt dieser Aufnahme noch nicht.

Im Februar 1952 lebten in Schleswig noch 1.808 Einwohner in 559 Elendsquartieren. Diese Aufnahme vom Januar 1952 entstand in einem Notquartier im Haus Thiessensweg 11.

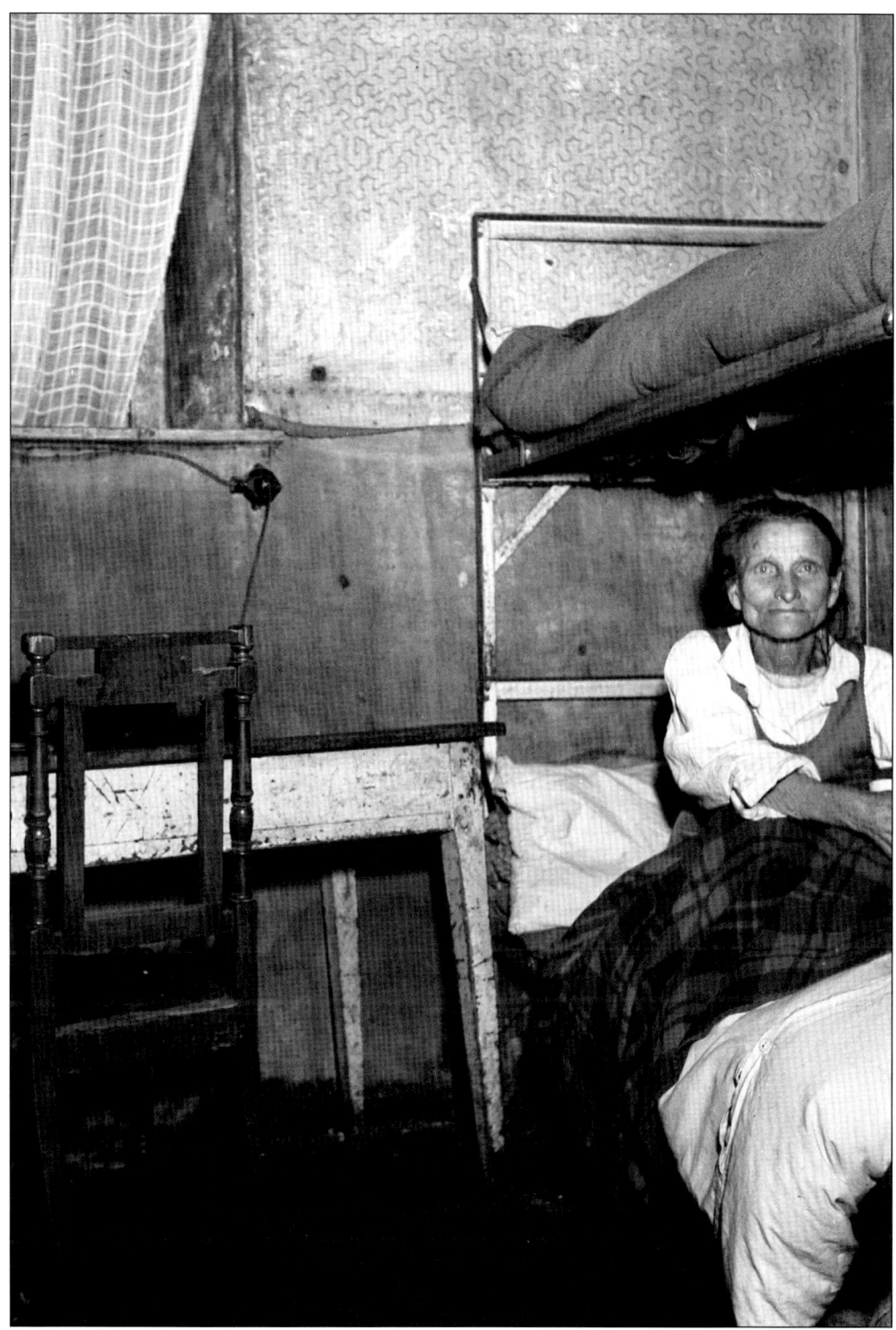
Die bedrückende Situation, die dieses weitere Bilddokument vom Thiessensweg 11 vermittelt, verbesserte sich nur langsam.

Nach einer städtischen Statistik fehlten Ende 1958 1.228 Wohnungen …

… und von den vorhandenen Wohnungen erwiesen sich nach dieser Statistik 134 als nur eingeschränkt bewohnbar. Der Anlass für diese eindringliche Bilddokumentation aus dem Thiessensweg 11 ist aufgrund fehlender Aufzeichnungen Adolf Dohses nicht mehr aufzuklären. Möglicherweise entstanden die Aufnahmen im behördlichen Auftrag.

Gegenüber der Not, die auf den vorhergehenden Seiten als Schattenseite des frühen Wirtschaftswunders in Schleswig ungeschönt im Bild fixiert wurde, wirkt dieses Gegenlichtmotiv eines Holmer Fischers in seinem Kahn äußerst idyllisch. Hier scheint die Zeit stehengeblieben zu sein.

Dieser Eindruck konnte auch entstehen, wenn man dem Treiben auf dem Pferdemarkt zusah, der parallel zu dem als „Peermarkt" bekannten Jahrmarkt stattfand. 1951 wurden am Haupttag, dem 7. September, 600 Pferde auf einem gesonderten Platz an der Königstraße aufgetrieben. Adolf Dohse war mit seiner Kamera Zeuge dieses Ereignisses.

Ebenfalls unberührt von allen Veränderungen wirkt der Rathausmarkt, den Adolf Dohse Anfang der 1950er-Jahre einmal in Blickrichtung Süden …

… und hier nach einem Kameraschwenk um 90 Grad in Richtung Osten fotografierte. Den beliebten „Senator-Kroog" nahm er in die Bildmitte.

Mit sicherem Gespür für das perfekte Bild vereinte Adolf Dohse hier zwei Symbole in einer Aufnahme: den Dom als Wahrzeichen der Stadt Schleswig und das Heck eines Mercedes' mit dem berühmten Stern als Statussymbol der Wirtschaftswunderjahre.

Ein anderes Mercedes-Modell setzte Adolf Dohse bei diesem Foto ein, um den Stadtweg als Spiegelung in Szene zu setzen. Das PKW-Kennzeichen verrät, dass die Aufnahme wahrscheinlich vor dem 1. Juli 1956 entstand. An diesem Stichtag wurden die in der Grundform noch heute bestehenden Nummernschilder mit schwarzer Schrift auf weißem Untergrund eingeführt. Für die alten Kennzeichen aus der Zeit der Britischen Zone gab es eine Übergangsfrist.

Ob der Auftraggeber dieses Fotos – wahrscheinlich der Chef des Textilhauses Ihms, Stadtweg 43 – höchstpersönlich sein Auto als Requisite und Statussymbol bildwirksam zur Verfügung stellte, wissen wir nicht.

Um 1964 präsentierte sich die Belegschaft des Kaufhauses Uldall (früher Textilhaus Nissen), Stadtweg 20, dem Fotografen. Das Gebäude fiel später im Zuge der Altstadtsanierung dem Abriss zum Opfer.

Die Kreissparkasse hatte ihren Sitz genau gegenüber im stattlichen Eckgebäude Stadtweg 18, das ebenfalls einem Neubau weichen musste.

Die Automobilindustrie war ein Motor des Wirtschaftswunders. Dennoch konnten sich zunächst nur wenige Menschen Luxusfahrzeuge wie diesen Mercedes Cabrio leisten, mit dem Mitglieder einer Schützengilde an der Spitze eines Corsos durch den Stadtweg fuhren.

Adolf Dohse begleitete viele Aktionen der drei Schleswiger Schützengilden mit seiner Kamera. Hier hielt er einen Aufmarsch an der Kreuzung Bismarckstraße/Stadtweg fest. Welche wichtigen Dokumente sich in der Aktentasche des voranschreitenden Zylinderträgers befanden, ist nicht überliefert.

Die Kreuzung Plessenstraße/Königstraße hat ihr Gesicht gegenüber der vermutlich Mitte der 1950er-Jahre entstandenen Aufnahme grundlegend verändert und ist nicht mehr wiederzuerkennen. Im Hintergrund sind die Gebäude der Exportschlachterei Rasch zu erkennen, die 1973 abgerissen wurden.

Mit seiner Kamera war Adolf Dohse Zeuge dieser Übung vor dem Capitol-Kino beim Kreisfeuerwehrtag 1952.

In einer größeren Bildserie hielt Adolf Dohse jede Aktion dieses Einsatzes fest, der viele Schaulustige anzog ...

... und den ganzen Capitolplatz mit Feuerwehrleuten, ihren Leiterwagen sowie den Zuschauern in Beschlag nahm. „Ravens Hotel" mit seiner schmucken Fassade ist im Hintergrund erkennbar. Auch dieses Haus fiel dem Abrissbagger zum Opfer.

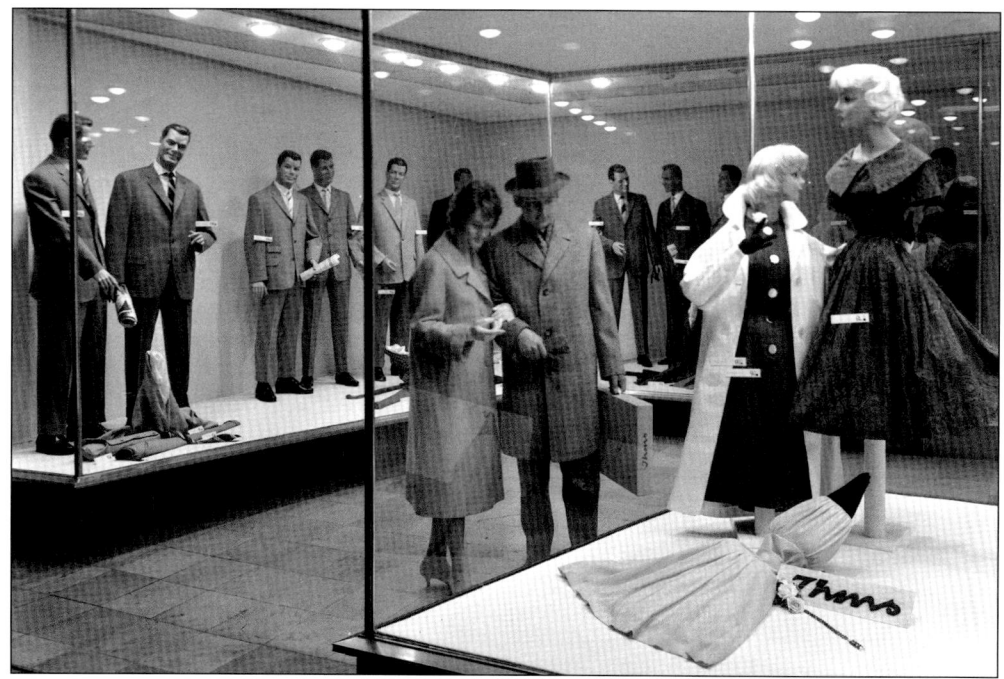

Das Schleswiger Adressbuch von 1950 verzeichnete 39 Textil-Einzelhandelsgeschäfte. Die Firma Ihms, Stadtweg 43, war eines der führenden Unternehmen am Ort und spezialisiert auf Damen-, Herren- und Kinderbekleidung.

Hier nahm Adolf Dohse die Ihms-Fassade aus östlicher Richtung in den Sucher seiner Kamera …

… und bei dieser nächtlichen Aufnahme von der entgegengesetzten Position. Bei der Datierung des Bildes hilft wieder der Blick auf das Nummernschild des VW Käfers: Das Foto könnte vor dem 1. Juli 1956 entstanden sein.

Der Stadtweg mit seinen vielen Fachgeschäften war ein Spiegelbild des aufkommenden Wirtschaftswunders mit seiner Warenvielfalt. Ob sich Adolf Dohse bewusst als Chronist dieser Zeit sah, wissen wir allerdings nicht.

Seit Juli 1956 gehörten Uniformen und militärische Fahrzeuge wieder zum Alltag in Schleswig. Hier passiert ein Bundeswehr-Volkswagen das Tor der Kaserne auf der Freiheit.

Im Nachlass von Adolf Dohse sind viele Aufnahmen wie dieses Gruppenbild vor einem Kasernengebäude überliefert. Auftraggeber war die Bundeswehr, die es ihm auch ermöglichte, mit Passbildern von frisch eingezogenen Rekruten Einnahmen zu erzielen.

Hier schlagen die Herzen von Oldtimer-Freunden höher: Dicht an dicht stehen Fahrzeuge von Besuchern auf dem Parkplatz von Schloss Gottorf. Wie die Nummernschilder wieder verraten, entstand die Aufnahme wohl vor der Einführung neuer Kennzeichen am 1. Juli 1956.

Vor der Kulisse der Südfassade von Schloss Gottorf nahm Adolf Dohse 1966 dieses Gruppenbild der Freiwilligen Feuerwehr Schleswig auf.   x: Hartwig Jensen

Um 1963/1964 arrangierte Adolf Dohse eine weitere Gruppenaufnahme. Sie zeigt die Belegschaft der später abgebrochenen Getreidemühle Sahr & Kähler, Friedrichstraße 19.

Vor dem Prinzenpalais, nur wenige Meter entfernt von Sahr & Kähler, entstand das Foto der Mitglieder der Friedrichsberger Schützengilde mit ihren Damen. Das historische Haus, in dem sich heute das Landesarchiv befindet, diente zu diesem Zeitpunkt – vermutlich um 1960 – als Hotel.

Ein weiteres Hotel nahm Adolf Dohse um 1955 in den Fokus: das „Waldschlösschen", das im Laufe der Jahre mehrfach umgebaut und erweitert wurde. Es ist im Vergleich mit diesem Bild nicht mehr wiederzuerkennen.

Laut dem Schleswiger Adressbuch von 1950 gab es in der Schleistadt seinerzeit acht Hotels. Das „Deutsche Haus", Lollfuß 114, zählte dazu. Es lag nur einen Steinwurf entfernt von dem wesentlich größeren Mitbewerber, dem Hotel „Stadt Hamburg".

Diese Aufnahme zeigt den Blick in den Lollfuß mit dem „Café Rausch" (Nr. 74a), das von Konditor Hans Rausch betrieben wurde.

Der geschäftliche Erfolg veranlasste den Inhaber, eine Filiale im Stadtweg 27a zu eröffnen, die Adolf Dohse hier mit dem Eingangsbereich ablichtete.

Der aufwendige Umbau des Schleswiger Theaters war 1955 in jeder Hinsicht ein aufregendes Projekt, das in nur viereinhalb Monaten realisiert wurde. Dieses Bild zeigt das modern gestaltete Foyer, …

… und hier dokumentierte Adolf Dohse den großzügigen neuen Theatersaal, der am 23. September 1955 mit der Premiere von Shakespeares „Wie es Euch gefällt" in Betrieb genommen wurde.

Das Geschäft der Firma Grimme im Stadtweg befand sich zunächst in einem historisch wertvollen Fachwerkgebäude (Nr. 64), das im Mai 1964 abgerissen und durch dieses überdimensional wirkende Kaufhaus ersetzt wurde – eine der schlimmsten Bausünden der Schleswiger Nachkriegszeit.

4

DAS WIRTSCHAFTSLEBEN BLÜHT AUF

FIRMEN, PRODUKTE UND
DIE ARBEITSWELT

Wer sich in den 1950er-Jahren (noch) kein Auto leisten konnte, hatte immerhin die Wahl zwischen einem Motorrad und einem Motorroller. Für diese Zweiräder gab es sogar spezielle Camping-Anhänger, wie dieses für die Schleswiger Firma Sport-Renz aufgenommene Werbefoto belegt.

Im Haus Stadtweg 44 befand sich in den 1950er-Jahren die Firma Papier-Voigt, die mit Büchern, Schreibwaren und Musikinstrumenten ihre Geschäfte machte, …

… während der Bedarf an Eisenwaren durch das große Sortiment von Richard Petersen in der Mönchenbrückstraße 8 abgedeckt wurde.

Unter den 39 Textil-Fachgeschäften, die 1950 in Schleswig verzeichnet waren, gehörte die Firma Clausen & Thomsen, Stadtweg 31, zu den führenden Unternehmen. Im Angebot waren neben Herrenmode auch Schuhe.

Im Dezember 1950 verzeichnete die Schleswiger Geschäftswelt einen Rekordumsatz. Vor allem Kleidung und Schuhe wurden gekauft. Wenige Jahre später, um 1955, hielt Adolf Dohse die Silvester-Dekoration in einem Schaufenster des Textilhauses Ihms im Bild fest.

Eine große Auswahl für den modebewussten Herrn präsentierte das Textilhaus Clausen & Thomsen in seinen Räumen.

Auch bei diesem Mitbewerber – vermutlich handelt es sich um einen Verkaufsraum der Firma Ihms – überzeugte das umfangreiche Angebot an Textilien.

Die Bandbreite der Fachgeschäfte im Schleswig der Wirtschaftswunderjahre war eindrucksvoll. Es existierte sogar ein spezielles Hutgeschäft für Damen und Herren in der Mönchenbrückstraße 5, das Gertrud Ender betrieb.

Zwei Heinkel-Roller wecken um 1955 Weihnachtswünsche im Schaufenster der Firma Voß, die noch heute ihren Sitz im Stadtteil Friedrichsberg hat.

In der Ära des Wirtschaftswunders befriedigten die Deutschen ihren Nachholbedarf aus der kargen Zeit in „Wellen". Die „Fresswelle" wurde dabei wohl besonders ausgekostet. Die Aufnahme zeigt den stolzen Chef der neu eröffneten Arko-Filiale, der auf gute Umsätze hoffen konnte.

Der Tourismus – damals hieß es noch Fremdenverkehr – entwickelte sich in den 1950er-Jahren zu einem bedeutenden Wirtschaftszweig in Schleswig. So wie auf diesem Foto sahen in dieser Zeit „Fremdenzimmer" der gehobenen Kategorie in der Stadt aus.

Während 1951 lediglich 19.000 Übernachtungen in den Schleswiger Beherbergungsbetrieben gemeldet wurden, stieg diese Zahl im Statistikjahr 1956/57 steil an auf 90.000. Die Aufnahme zeigt einen Gastraum in einem Schleswiger Beherbergungsbetrieb.

Wo diese Aufnahmen entstanden, ist nicht mit Sicherheit feststellbar. Ein Blick in Adolf Dohses einziges erhaltenes Notizbuch nennt als Auftraggeber aus dem Hotel- und Gaststättengewerbe das „Waldschlösschen", „Ravens Hotel", „Deutsches Haus" und „Hans op de Trepp".

Für das „Maxim" im Haus Schubystraße 1 lichtete Adolf Dohse die moderne Bar ab. Das „Maxim" war als Nachtlokal mit Striptease-Darbietungen in der Männerwelt ein Begriff. Zeitzeugen berichten, dass auch engere Kontakte zu den Damen des Etablissements möglich waren.

Für Nachtschwärmer gab es neben dem „Maxim" und der „Schleihalle" auch noch die anrüchige „Baumhofbar". Um welches gepflegte Schleswiger Etablissement es sich bei dieser Aufnahme handelt, wissen wir nicht, ...

... können aber aufgrund der Musikbox und Lautsprecher vermuten, dass Adolf Dohse hier in den Räumen einer Tanzbar fotografierte.

Im Melitta-Jubiläumsjahr 1958 präsentierte die Firma Jenter, Stadtweg 7, in ihrem Schaufenster Produkte der Firma Melitta.

Diese weihnachtliche Dekoration in einem Schaufenster des Spielwarengeschäftes Sprecher, Friedrichstraße 55, ließ Kinderherzen höher schlagen. Das Bild entstand im Dezember 1963.

Die Lage der arbeitenden Bevölkerung war in den Aufbaujahren nach dem Zweiten Weltkrieg beschwerlicher, als es das Werbefoto der Schlachterinnung Schleswig vermuten lässt. Als besonders gravierend erwies sich die Benachteiligung der Frauen: Während männliche Facharbeiter 1951 in Schleswig-Holstein einen Durchschnittsbruttolohn von 1,60 DM pro Stunde erhielten, bekamen Facharbeiterinnen nur 0,96 DM bis 1,12 DM.

Die Fischerei auf dem Holm geriet nach 1945 in eine schwere Krise. Viele Fischer fanden in der 1953 entstandenen Zuckerfabrik einen neuen Arbeitsplatz. Die soziale Romantik, die man aus diesem interessant komponierten Adolf-Dohse-Foto herauslesen könnte, hatte also mit der Wirklichkeit wenig zu tun.

Das Möbelhaus Steinhagen war Marktführer in dieser Branche in Schleswig. Die Aufnahme zeigt das Mitte der 1960er-Jahre eingeweihte Firmengebäude am Schwarzen Weg. Heute befindet sich an dieser Stelle eine Filiale der AOK.

Die Sanitätsmeierei Schleswig eGmbH, Stadtfeld 19, war einer der wichtigsten Betriebe in Stadt und Land im Bereich der Nahrungsmittelindustrie. Im Adressbuch von 1965/66 warb das Unternehmen mit dem Slogan „Für Ihre Gesundheit die Produkte aus der Sanitätsmeierei Schleswig".

Die Firma Opel-Lorenzen (heute Opel-Dello), Husumer Straße 2, war das älteste Autohaus der Stadt, gegründet von dem legendären Johannes Lorenzen, der im Volksmund „Hannes Opel" genannt wurde.

Von 1950 bis 1960 vervierfachte sich die Anzahl der Automobilbesitzer, wovon auch die Schleswiger Autohändler profitierten. Nach anfänglichen Absatzproblemen hatte Opel-Lorenzen nach der Einführung des modernen Modells „Olympia Rekord" im Jahr 1953 großen Erfolg und entsprechenden Anteil am Autoboom. Das Bild gewährt einen Blick in die Wartungshalle von Opel-Lorenzen.

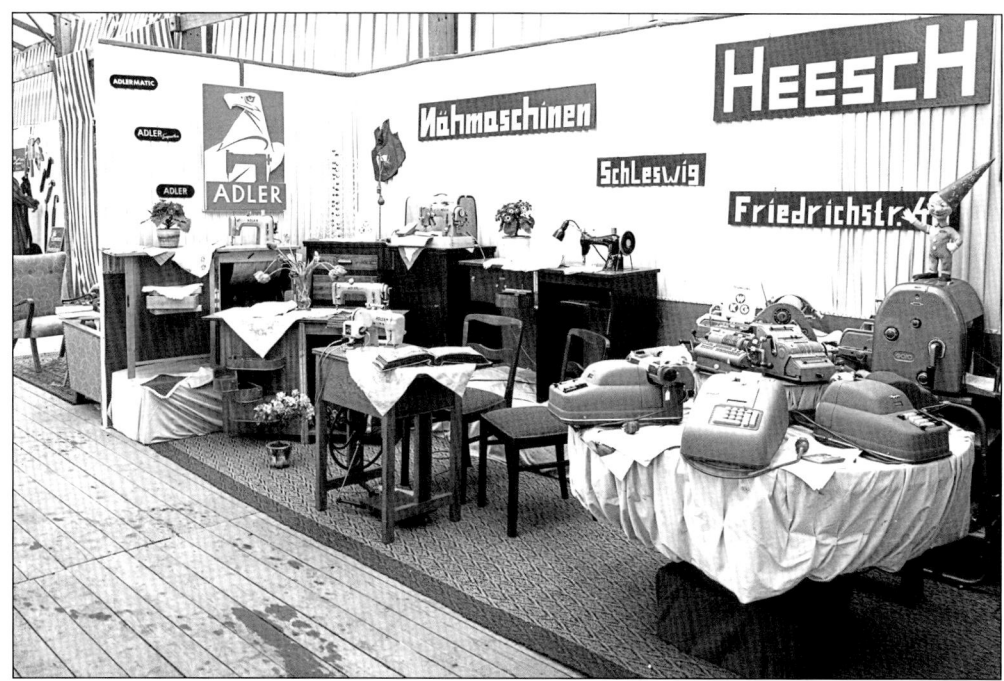

Für ein großes Echo sorgte die Wirtschaftsschau „Zwischen Grenze, Schlei und Eider", die im Frühjahr 1956 in vier Ausstellungs- und zwei Festzelten auf dem Stadtfeld stattfand. Die Stadt wollte mit diesem Projekt ihren Ruf als „Kongress- und Tagungsstadt" unterstreichen.

Unter den 134 Standbeschickern der Wirtschaftsschau war auch das Schleswiger Arbeitsamt. Es präsentierte seine Leistungsbilanz des Jahres 1955.

Die Schleswiger Firma Emil Klinker, Stadtweg 13, nahm ebenfalls an der Schau teil. An ihrem Stand konnte eine breite Produktpalette – von der Pfaff-Nähmaschine bis zum Kleinstwagen „Goggomobil" – besichtigt werden.

Perfekt in Szene setzte Adolf Dohse hier Fahrzeuge und Personal der Schleswiger Wäscherei „Edelweiss", Schubystraße 89. Der Inhaber des Unternehmens, Emil Robertson, warb mit dem Slogan „Die Wäscherei der fortschrittlichen Hausfrau".

„Oranka – die Fabelhafte" war der Name eines in den Wirtschaftswunderjahren vor allem in Norddeutschland sehr beliebten Fruchtsaftgetränkes, das in Schleswig im „Oranka-Stammhaus", Michaelisstraße 58, entwickelt wurde. Abfüllung und Vertrieb übernahm die Firma Hans Wilkens, Storchnest 3. Dort entstand diese Aufnahme der modernen Oranka-Abfüllanlage.

Einen Oranka-Lieferwagen der Hamburger Getränkegroßhandlung Michael Bernhard hat Adolf Dohse hier auf seinen Film gebannt, wahrscheinlich kurz nach der Beladung bei der Firma Wilkens.

In seinem Notizbuch verzeichnete Adolf Dohse die Schleswiger Firma Heinrich Klinker als einen wichtigen Auftraggeber. Das Unternehmen hatte seinen Sitz als Blumenzwiebelgroßhandlung und Samenfachgeschäft zunächst in der Königstraße. Dort entstand diese Aufnahme von zwei Bürokräften …

… und das Bild mit dem Blick in das Chefbüro mit Heinrich Klinker am Schreibtisch. Als „Spezialhaus für Gartenliebhaber und Kleingärtner" verlegte die Firma ihren Sitz später in den Kattenhunder Weg 151.

Die Firma Christophersen in Böklund nördlich von Schleswig war ein weiterer bedeutender Auftraggeber für Adolf Dohse. Zahlreiche seiner Aufnahmen zeigen alle Details der Produktion in dieser Spezialfabrik für Würstchen, geben aber auch Einblicke in die Arbeitswelt in den Büros. Auf diesem Bild dürfte der Chef zu sehen sein …

… und hier ein leitender Angestellter. Im Regal hinter dem Schreibtisch sind Muster aus der Produktpalette zu erkennen.

Gemessen an der Ausstattung in diesem weiteren Büro der Firma Christophersen, vor allem mit Blick auf die Konstruktion der Stühle, sind in der Arbeitsplatzergonomie in den letzten Jahrzehnten große Fortschritte zu verzeichnen.

Wie die vorhergehenden Fotos entstand auch diese Büroaufnahme in dem Böklunder Betrieb. Nicht der „Kollege Computer", sondern eine klassische Schreibmaschine bestimmt hier um 1955 noch die Szene.

Hunderte von Aufnahmen fertigte Adolf Dohse für die Fleischwaren- und Konservenfabrik Gebrüder Rasch AG an, wie der Name des Unternehmens in den 1950er-Jahren lautete. Die Firmengebäude befanden sich bis 1973 auf einem ausgedehnten Grundstück an der Kreuzung Königstraße/Plessenstraße.

Hier sitzt Firmenchef Peter Rasch an seinem Schreibtisch. Die Aufnahme entstand 1958.

Für die im November 1958 erschienene Festschrift zum 75. Jubiläum der Gebrüder Rasch AG fertigte Adolf Dohse sämtliche Fotos an. Dieses Bild mit einem Blick in die Rindertranchierhalle ist ebenso in der Publikation enthalten …

… wie die Aufnahme großer Berge von Exportschinken, die in einem Kühlraum lagern.

„Eindosen der für den Export bestimmten Schinken" lautet die Beschriftung dieses Bildes, das ebenfalls in der Rasch-Festschrift von 1958 abgedruckt ist.

Tausende Konserven mit Fleischwaren wurden in Spitzenzeiten täglich produziert und von „geschickten Frauenhänden", wie es in der Firmenfestschrift hieß, etikettiert.

Mit seiner Kamera war Adolf Dohse 1953 Zeuge eines der bedeutendsten Wirtschaftsprojekte im Schleswig der Nachkriegszeit: der Errichtung der Zuckerfabrik am östlichen Rand der Stadt. Minutiös dokumentierte er – vermutlich im Auftrag des Unternehmens, der Schleswig-Holsteinischen Zucker AG – jeden einzelnen Bauabschnitt. Am 22. April 1953 erfolgte der erste Spatenstich. Schon im November 1953 sollte die erste Kampagne starten.

Das Gelände der Zuckerfabrik gehörte ursprünglich zum ehemaligen Seefliegerhorst auf der Freiheit und musste zunächst von der britischen Besatzungsmacht freigegeben werden. Das galt auch für die einstige Wasserflugzeughalle, die für die Zuckerfabrik nutzbar gemacht und in das Bauvorhaben einbezogen werden sollte.

Weil Rüben, Brennstoffe und andere Materialien auch per Schiff angeliefert werden sollten, war eine spezielle Kaianlage am Ufer der Schlei erforderlich. Anfang August 1953 begannen die Arbeiten. Diese Aufnahme zeigt die noch unvollendete Verschalung der geplanten Kaimauer.

Die für die Produktion erforderlichen Rohstoffe wurden nicht nur auf dem Straßen- und Seeweg herangeschafft, sondern auch per Eisenbahn transportiert. Für diesen Zweck musste ein gesonderter Schienenstrang von der damaligen Kreisbahn zum Fabrikgelände errichtet werden.

Am 4. November 1953 startete die Produktion in der Zuckerfabrik. Etwa 83 Tonnen Rüben wurden pro Stunde verarbeitet. 2003 stellte die Zuckerfabrik ihren Betrieb ein. Zu der geplanten Errichtung eines neuen Stadtteils an dieser Stelle ist es bis heute nicht gekommen.

BÜCHER AUS IHRER REGION

Das Gastgewerbe in Eckernförde
Uwe Beitz
ISBN: 978-3-95400-067-8 | 18,95 € [D]

Schleswig
Holger Rüdel
ISBN: 978-3-89702-092-4 | 14,90 € [D]

Schleswig
Die Achtzigerjahre im Spiegel der Fotos von Eva Nagel
Holger Rüdel
ISBN: 978-3-89702-864-7 | 17,90 € [D]

Schleswig
Rückblicke auf drei Jahrzehnte im Spiegel der Fotos von Eva Nagel
Holger Rüdel
ISBN: 978-3-89702-739-8, 17,90 | 17,90 € [D]

Schleswig
in den Neunzigerjahren
Jens Petersen und Kai Christensen
ISBN: 978-3-86680-924-6 | 18,95 € [D]

Weitere Bücher aus Ihrer Region finden Sie unter:
www.suttonverlag.de

Wir machen Geschichte